QUELQUES·MOTS

SUR

LES INONDATIONS

DE 1856

Par Charles CHAUVELOT, AVOCAT A PARIS.

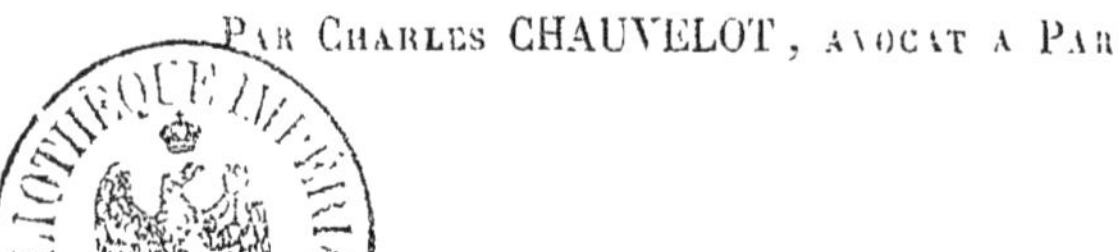

Se vend au profit des inondés.

PARIS

LEDOYEN, LIBRAIRE,

PALAIS-ROYAL.

1856

QUELQUES MOTS

SUR

LES INONDATIONS DE 1856

En présence des désastres navrants qui, à de si courts intervalles, viennent briser nos cœurs par l'effet de la crue subite de nos fleuves et de nos rivières, tous les esprits s'émeuvent et sont en travail pour parvenir à la découverte des causes naturelles ou accidentelles, apparentes ou occultes du terrible fléau, aussi bien que pour trouver enfin les moyens de résistance et de protection à jeter sur son passage dévastateur.

En ce moment, comme en l'année 1846, la

désolation et la mort exercent leur funèbre em-
pire dans nos plus riches contrées, si riantes,
si florissantes et si prospères hier encore !
L'horreur du spectacle dont nous sommes, hé-
las ! les témoins impuissants et consternés
nous glace d'effroi par la perspective d'un avenir peut-être plus sombre et plus désastreux
si bientôt un remède vraiment efficace n'est
conçu, n'est employé pour conjurer d'aussi
grands malheurs. Chacun de nous, en effet,
s'adresse intérieurement avec une anxiété dou-
loureuse ces simples questions :

*Pourquoi, comment se fait-il que de nos
jours, en plein dix-neuvième siècle, alors que
les sciences et les arts ont fait d'immenses progrès, comment se fait-il que les inondations
soient si fréquentes et si étendues ? Comment
et par quels expédients désormais pourra-t-on
les prévenir ou les combattre, puisque toutes
les tentatives faites jusqu'à ce moment n'ont
été que de vains palliatifs et n'en ont point
arrété les affreuses conséquences ?*

Ces pages, tracées à la hâte, ont pour but et

pour objet d'appeler tout à la fois l'attention sérieuse du gouvernement et des hommes de l'art sur ces points si graves que commandent l'intérêt général du pays et surtout l'intérêt des populations riveraines de nos fleuves.

§ I. — *Pourquoi de nos jours les inondations sont-elles si rapprochées et si multipliées?*

Sans contredit, dans tous les temps, le gonflement excessif de nos grands cours d'eau a eté produit soit par des pluies trop abondantes, soit par la fonte des neiges qui couronnent les hautes montagnes : ce sont là les causes ordinaires et presque normales de ce phénomène, autrefois séculaire, aujourd'hui décennal. Jadis, en effet, c'est à peine si, durant le laps de cent années (l'histoire nous l'apprend), une inondation à grandes proportions venait affliger l'humanité et ravageait les fertiles vallons de la France, tandis qu'à notre époque, par deux fois, de 1846 à 1856, le sinistre bruit du débordement de la Loire et du Rhône a retenti à nos oreilles. Les irréparables malheurs qui en sont résultés ont, avec juste raison, éveillé la sollicitude universelle. Aussi d'habiles ingénieurs et de savants géologues se sont-ils ardemment mis à l'œuvre pour rechercher les causes *nouvelles, ostensibles* ou *latentes* d'un fléau dont la fatale apparition devient, en quelque façon, périodique en nos climats. Tous, ou presque tous, attribuent principalement au *déboisement* de nos montagnes l'irruption rapide et violente des eaux pluviales qui d'un petit ruisseau calme et limpide font tout à coup un torrent impétueux, d'une modeste rivière font un large fleuve, et d'un fleuve presque une mer, laquelle, couvrant de sa lame bourbeuse une vaste étendue de terrain, détruit les récoltes, arrache les arbres, démolit les maisons et réduit des populations entières à la misère, au désespoir, lorsqu'elles n'ont pas perdu la vie au milieu des flots.

Oui, sans aucun doute, l'état *géodésique* actuel de nos montagnes est justement considéré comme l'une des causes de ces invasions instantanées des eaux dans les campagnes avoisinant les fleuves; mais n'en existe-t-il pas encore une autre, à laquelle peut-être on n'a pas fait, jusqu'à ce jour, une attention sérieuse?

Les anciennes routes sur le parcours desquelles, il y a peu d'années, se faisaient exclusivement tous les services de grande et de petite communication comprenaient et occupent encore une grande étendue superficielle d'un terrain rendu *compacte*, *imperméable* comme la dalle par les travaux de l'administration des ponts et chaussées; ajoutons que, pour l'usage et les besoins nécessaires des *voies ferrées*, cet espace superficiel, ayant à peu près même aspect et même *imperméabilité*, est *QUINTUPLÉ*. Or, il est mathématiquement certain que la même quantité d'eau que le sol absorbait à l'instar d'une éponge alors qu'il existait sous la forme d'une terre arable et avant qu'il fût converti en chemin de fer est rejetée presque en totalité à la surface, pour prendre ensuite son écoulement à droite ou à gauche, et faire par les pentes sa jonction avec la *masse*, qui forme successivement soit le ruisseau, soit la rivière, soit le fleuve. Ainsi l'état du sol non encore rendu à l'agriculture et sur lequel restent tracées les anciennes routes et l'état du sol que sillonne actuellement la vapeur viennent, dans la saison des pluies, apporter leur funeste concours pour l'agglomération des eaux sur les *points* en communication soit avec les fleuves, soit avec les rivières, soit même avec les ruisseaux qui vont s'y précipiter : de là les débordements *partiels*, et de là, en dernière analyse, ces *vastes*, ces *immenses* inondations qui font la terreur et la désolation des habitants de nos vallées.

Mais est-ce à dire pour cela que, dans l'exaspération de notre douleur du moment, il faille crier *anathème* contre les chemins de fer! Non, assurément. Émettre une pensée, proférer une parole, former un vœu contre la plus merveilleuse invention des temps modernes, qui fait disparaître à nos yeux la durée du temps et la distance des lieux, serait un blasphème, une profanation. Tenter, d'ailleurs, une pareille entreprise, même en théorie, ne serait-ce pas imiter l'*insensé* qui voudrait faire remonter le Rhône à sa source!

Quoi qu'il en soit (et c'est désormais chose reconnue), les montagnes dénudées et les plates-formes unies sur lesquelles passent et glissent les locomotives, dans notre opinion comme dans la conviction éclairée des hommes de l'art, doivent être rangées parmi les causes occasionnelles de ces sortes de déluges qui tout récemment et pendant plusieurs *longs* jours ont arrêté la circulation du sang dans nos veines, en même temps qu'ils remplissaient nos âmes d'une noire et profonde douleur! Mais enfin (et ceci est le point *essentiel, capital* des questions ci-dessus posées) quel obstacle physique la main de l'homme pourra donc opposer au torrent qui, avec la rapidité de la foudre, vient tout à coup ravager ses moissons au moment même où il s'y attend le moins? en d'autres termes :

§ II. — *Peut-on prévenir, empêcher les inondations?*

Souvent c'est avec le secours des comparaisons qu'une pensée est mieux et plus facilement comprise; à l'appui de la thèse que nous entreprenons de soutenir, qu'il nous soit permis d'employer ce moyen de persuasion.

Lorsque Napoléon Ier se proposait de ga-

gner une bataille, quelle était sa tactique ha-
bituelle?

Le grand capitaine, à l'avance, réunissait
autour de lui ses meilleurs bataillons, il mas-
sait ses troupes, puis avec l'impétuosité d'un
torrent (*avec la furie française*) il s'élançait
sur le centre de l'armée ennemie, il la coupait
en deux, après quoi, se retournant sur l'un
ou sur l'autre tronçon, il les écrasait, grâce à
sa manœuvre, par la supériorité du nombre et
les détruisait successivement tous les deux par
l'irrésistible puissance de ses armes.

En d'autres temps, en d'autres circonstan-
ces on s'étonnerait, sans doute, que le grand
nom de Napoléon fût prononcé ou intervînt à
propos d'inondations si son successeur, n'écou-
tant que la noble inspiration de son cœur, au
premier bruissement de la tempête ne fût ac-
couru de sa personne, il y a quelques jours à
peine, au milieu des inondés du Rhône et de
la Loire, qu'il a soutenus, encouragés, conso-
lés par sa présence, par sa parole et par ses
bienfaits : aussi le nom de Napoléon III a-t-il
été déjà mille et mille fois répété par les échos
de l'une et l'autre rive des deux fleuves en

même temps qu'il retentissait au fond du cœur des victimes de l'inondation : dès lors ce glorieux nom, véritable talisman pour la France, peut toujours être heureusement invoqué, soit qu'il s'agisse de calamités publiques, soit qu'il s'agisse d'événements qui, aux yeux des peuples étrangers, fondent et constituent notre hònneur national.

Le Rhône de même que la Loire et la Saône sont les trois plus redoutables ennemis de leurs riverains respectifs. Les nombreux affluents de ces fleuves sont pour eux, par assimilation, comme autant de bataillons qui, successivement dans leur parcours, accroissent et développent par degrés leur volume et leur impétuosité, puis vient un moment suprême où leur *masse réunie* rend irrésistible leur puissance d'expansion : c'est alors que ni les digues, ni les jetées, ni les travaux hydrauliques les plus habilement conçus, les plus solidement construits, rien, rien ne saurait calmer, ne peut arrêter la furie des eaux qui, en mugissant, envahissent des contrées entières pour y laisser après elles la destruction et la mort avec leur limon pestilentiel.

Pour prévenir le retour de ces désastres, dont la description fidèle est impossible, qu'a-t-on fait jusqu'à ce jour et quelles mesures réellement efficaces ont-elles été préparées contre les *surprises* de l'élément qui vient en quelque sorte à heure fixe démontrer la *vanité*, l'*inutilité* des efforts tentés contre son pouvoir envahisseur?

Certes, il est juste de le reconnaître, sur quelques points plus menaçants des fleuves, plusieurs travaux habilement conçus ont été exécutés conformément à toutes les règles de la science hydrographique; mais l'expérience ne prouve-t-elle pas enfin aujourd'hui, jusqu'à la dernière évidence, que le système de l'*endiguement* est usé, mauvais, inutile et sans force dans les grandes inondations (exemple, la digue de Jargeau sur la Loire et tant d'autres qu'il serait trop long d'énumérer ici); disons même que, de plus, il comporte le grave inconvénient de faire refluer les eaux précisément dans la direction opposée à l'endroit où il est pratiqué, et de cette façon détermine l'inondation sur la localité qui en eût été affranchie si l'ouvrage n'eût pas été édifié.

Ainsi les événements se chargent de constater cette vérité ; à savoir, qu'*élever des digues, construire des jetées, établir des barrages* serait continuer un système non-seulement vicieux, mais dangereux, par l'incontestable raison que tous ces travaux sont reconnus impuissants à contenir, à dompter, à maîtriser le fleuve lorsque arrivent les temps de pluies continues.

Si donc, jusqu'à ce jour, l'art a été vaincu par la nature, et si, au mépris de l'habileté de nos ingénieurs, non-seulement les inondations ont persisté, mais encore se sont renouvelées avec une périodicité et une fréquence désespérantes, ne doit-on pas logiquement en conclure qu'un mode nouveau doit être substitué au système primitif, puisque ses résultats n'ont été qu'*infructueux, malheureux* ou *négatifs ?*

Et en effet, aux yeux de l'observateur attentif, n'est-il pas de toute évidence que, par suite des changements qui se sont opérés sur notre territoire continental pour l'exécution de nos moyens actuels de transport, le régime des eaux a subi lui-même d'essentielles modifications dans les conditions originaires de son existence, que dès lors, par voie de conséquence nécessaire et forcée, il doit en résulter une révolution nouvelle en tout ce qui se rattache aux travaux hydrauliques, et que désormais l'administration des ponts et chaussées est obligatoirement tenue de réformer ses codes pour ne plus suivre, à l'avenir, que les errements qu'impose la nouvelle situation des choses. — Sans contredit, notre siècle est en progrès, d'utiles découvertes se font chaque jour ; mais que si le génie de l'homme le pousse incessamment à transformer la portion du globe qu'il habite en vue de son bien-être, Dieu l'a, en même temps, doté de facultés équivalentes pour neutraliser les inconvénients ou les fâcheux effets de ses conceptions, et c'est surtout aux *corps* éclairés par la science qu'il appartient de se livrer à ce travail intellectuel.

Lorsqu'un fleuve déborde, et de cette façon exerce sa puissance destructive, que se passe-t-il d'ordinaire ? A partir du point où commence sa source, et comme s'il voulait en cela imiter la méthode stratégique du plus grand *tacticien* des temps modernes , il recueille de proche en proche sur son passage le contingent que lui apportent ses divers affluents, en se jetant, par les pentes, dans son lit de plus en plus agrandi, développé; alors et bientôt toutes ses forces sont *groupées, massées, réunies;* le fleuve devient un lac, puis une mer en courroux : c'est l'inondation.

Pour conjurer les funestes effets produits par cet élément *indispensable* dont la Providence a gratifié l'humanité, que faut-il faire? quelle méthode adopter? quel système suivre? quels travaux *préservateurs* exécuter?

Ici, dans cette occurrence, le principe favori de Napoléon de *masser ses forces* doit être tout d'abord et complétement écarté; pour triompher de nos *fleuves* et *rivières,* devenus les implacables ennemis de leurs voisins, nos amis, nos frères et nos compatriotes, c'est un plan diamétralement opposé qu'il faut, de toute nécessité, désormais suivre et pratiquer avec une persévérance que ne doivent décourager ni les sacrifices d'argent ni les difficultés nombreuses qui viendront s'interposer entre la *pensée* qui conçoit et la main qui exécute. Il est

temps enfin de traduire en œuvres le précepte
du despote par théorie (Machiavel), qui, au
seizième siècle, disait et écrivait : *il faut diviser
pour régner*. Ainsi, pour dompter, pour do-
miner, pour réguer en maîtres sur le cours de
nos fleuves, il faut, dès les premiers kilomètres
de leur source, ne plus leur opposer des digues
ou des chaussées, mais fractionner, mais diviser les eaux qui les composent ; il faut pratiquer,
il faut creuser de nombreux canaux *dérivatifs,*
dont la pente sera en sens inverse de leurs affluents naturels ; il faut, si cela est nécessaire,
percer même des montagnes pour leur frayer
un passage, tout ainsi qu'on l'a pratiqué lors de
l'établissement des chemins de fer ; il faut, par
des travaux d'art, avec le secours si puissant de
la vapeur, faire gravir les eaux sur les plateaux
les plus élevés, qui seront ainsi fertilisés et au
sommet desquels croîtra désormais une luxu-
riante végétation, devenue la richesse de régions
autrefois desséchées par les chaleurs et cons-
tamment privées de l'eau nécessaire à leurs in-
dispensables besoins. De cette seule façon, par
cet unique procédé, longtemps à l'avance et
par une *voie préventive,* grâce à ces déversoirs,

nos principaux cours d'eau se dégorgeront de leur perfide et dangereux *trop-plein*. Alors et seulement alors l'horrible fléau de l'inondation, surpris par une ruse aussi sage qu'habile, sera, pour toujours et dès sa source, radicalement détruit. A nous seuls les douleurs, les tourments, pour nous seuls les énormes dépenses de gigantesques travaux; et aux générations futures, au contraire, l'heureuse chance de n'avoir plus qu'à bénir la prévoyance de l'homme du dix-neuvième siècle.

Aussi dira-t-on peut-être : mais les millions par centaines ne suffiront pas pour atteindre le but proposé, si ces idées sont adoptées?

On répond :

En premier lieu : de quelle valeur sont vos millions de métal en présence des souffrances inouïes et des pertes incalculables qui sont le résultat du système actuel ?

En second lieu : qui oserait nier qu'une *force motrice* quelconque, alors qu'elle est partiellement séparée de l'ensemble des éléments qui la composent, en vertu des lois de la physique et même de la simple logique, ne perd point une part proportionnelle de son intensité propulsive? En d'autres termes, qui pourrait raisonnablement soutenir qu'un fleuve ou une rivière, alors que leur volume est diminué par une cause naturelle ou artificielle, exercera plus de ravages que lorsqu'ils sont grossis outre mesure par des pluies torrentielles qu'amassent incessamment leurs nombreux affluents?

En troisième lieu : le gouvernement, dans sa légitime sollicitude pour les progrès et l'amélioration de l'agriculture, avait tout récemment soumis au Corps Législatif un projet de loi ayant pour but le vote d'une subvention de cent millions destinés à vulgariser le *drainage* en France. Ne serait-il pas plus opportun et plus juste que ce capital, en le doublant, en le quadruplant, fût désormais exclusivement employé à creuser des *canaux dérivatifs* dans tout le parcours, sur toute la longueur des fleuves et de certaines rivières, *cause unique* des inondations qui consternent le *présent* et terrifient l'*avenir?*

Le drainage a pour objet de neutraliser les dommageables effets d'une sorte d'inondation souterraine, locale, partielle et qui en définitive ne diminue que la somme des produits futurs de la terre : dans ce cas, il s'agit donc uniquement de moissons à faire naître et dont jusqu'à ce jour on a pu facilement se passer; c'est, en un mot, une question de *quantité* dont la solution coûterait cent millions à la France. Mais lorsqu'il s'agit non pas seulement de préserver des récoltes qui sont déjà presque à l'état de maturité dans une immense étendue, mais bien de sauvegarder la vie de populations nombreuses et de garantir la sécurité d'une notable partie de la France, les millions doivent-ils être distribués d'une main parcimonieuse? Non, sans doute. Mais que disons-nous? Ce sera le spectacle contraire dont nous serons les heureux témoins, parce qu'il s'agira de l'intérêt véritable du pays. En effet, sous le règne de l'homme *providentiel* que la nation a mis à sa tête, déjà se sont accomplies de belles, de grandes choses qui feront l'étonnement de la postérité. Dès lors quelles merveilles ne nous a-t-il pas donné le droit d'attendre de sa vigoureuse et puissante initiative? Que si, grâce à lui, le retour des inondations devient à jamais impossible, proclamons que ce grand événement, que l'histoire enregistrera avec orgueil, ne sera pas lé moins mémorable de son gouvernement intelligent et fort.

Nous terminerons ce travail (et pour le résumer) en répétant avec une nouvelle et profonde conviction que si les observations qui précèdent obtiennent quelque faveur, et si surtout le succès vient donner raison à l'*idée* que nous soumettons humblement à la sagacité des hommes compétents, aussi bien qu'à la vigilante attention des membres du sénat et du corps législatif, l'*idée* de creuser des rivières *latérales* et *transversales* pour faire ainsi de salutaires saignées à nos fleuves dans leur exubérance excessive, dès ce moment renaîtra l'espoir au cœur de nos concitoyens qui habitent les rives de nos bassins, et sera définitivement résolu le *grave,* le *difficile* problème des inondations départementales.

FIN.

Paris. — Typographie de Firmin Didot frères, fils et Cie, 56 rue Jacob